AF188385

Impressum
Verlag: BABADADA GmbH, Nedderfeld 112 , 22529 Hamburg
Geschäftsführer / Verlagsleitung: Harald Hof
Druck: Books on Demand GmbH, In de Tarpen 42, 22848 Norderstedt

Imprint
Publisher: BABADADA GmbH, Nedderfeld 112 , 22529 Hamburg, Germany
Managing Director / Publishing direction: Harald Hof
Print: Books on Demand GmbH, In de Tarpen 42, 22848 Norderstedt

1

# okul

# škola

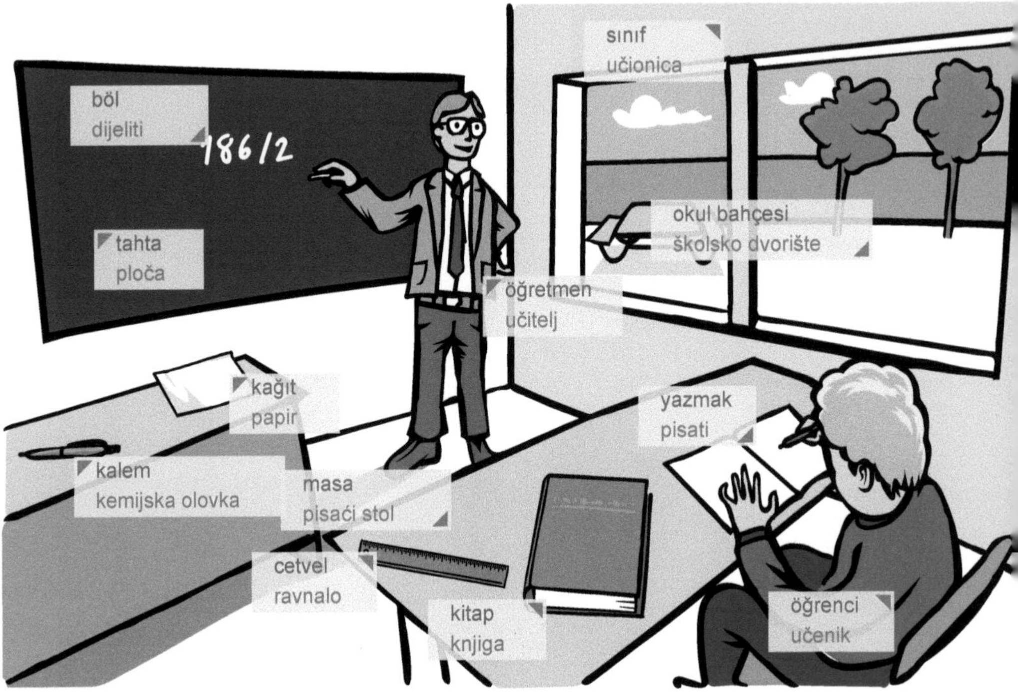
sınıf
učionica
böl
dijeliti
186/2
tahta
ploča
okul bahçesi
školsko dvorište
öğretmen
učitelj
kağıt
papir
yazmak
pisati
kalem
kemijska olovka
masa
pisaći stol
cetvel
ravnalo
kitap
knjiga
öğrenci
učenik

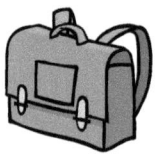

okul çantası

torba

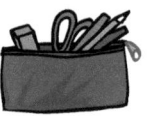

kalemlik

pernica

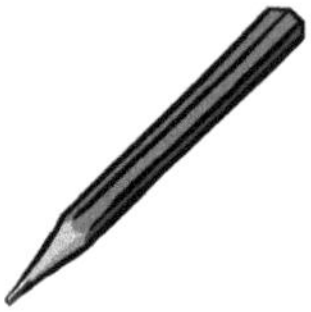

kurşun kalem

grafitna olovka

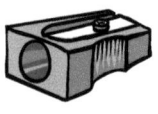

kalem açacağı

šiljilo za olovke

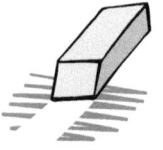

silgi

gumica za brisanje

çizim defteri

blok za crtanje

çizim
crtež

resim fırçası
kist

boya kutusu
kutija s bojama

makas
makaze

tutkal
ljepilo

alıştırma kitabı
bilježnica

ödev
domaći zadatak

**12**

sayı
broj

**2+2**

ekle
sabirati

**5-2**

çıkar
oduzimati

**2×2**

çarp
množiti

hesapla
računati

harf
slovo

**ABCDEFG HIJKLMN OPQRSTU VWXYZ**

alfabe
abeceda

kelime
riječ

metin
tekst

okumak
čitati

tebeşir
kreda

ders
sat

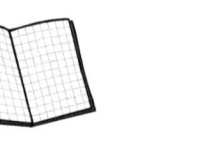

kayıt
dnevnik

sınav
ispit

sertifika
svjedodžba

okul forması
školska uniforma

eğitim
obrazovanje

ansiklopedi
leksikon

üniversite
sveučilište

mikroskop
mikroskop

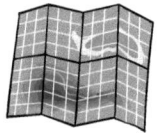

harita
karta

kağıt çöp kutusu
košara za papir

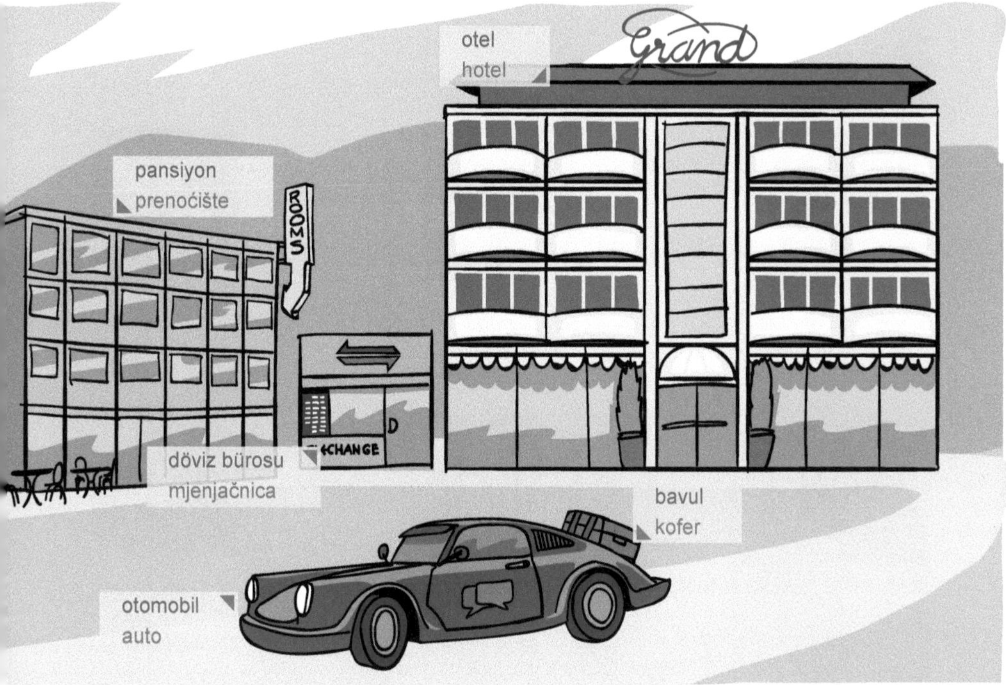

otel
hotel
Grand
pansiyon
prenoćište
ROOMS
EXCHANGE
döviz bürosu
mjenjačnica
bavul
kofer
otomobil
auto

dil

jezik

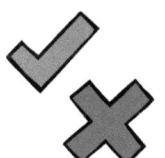

evet / hayır

da / ne

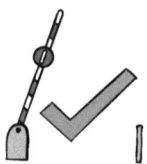

Tamam

okay

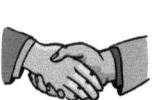

merhaba

zdravo

çevirmen

prevoditelj

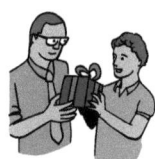

Teşekkür ederim

hvala

bu ... ne kadar?

Koliko košta...?

anlamadım

ne razumijem

problem

problem

İyi akşamlar!

dobro veče!

Günaydın!

Dobro jutro!

İyi geceler!

Laku noć!

güle güle

doviđenja

yön

smjer

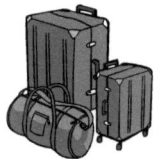

bagaj

prtljaga

çanta

torba

sırt çantası

ruksak

misafir

gost

oda

soba

uyku tulumu

vreća za spavanje

çadır

šator

turist danışma

turističke informacije

sahil

plaža

kredi kartı

kreditna kartica

kahvaltı

doručak

öğle yemeği

ručak

akşam yemeği

večera

Bilet

karta za vožnju

asansör

dizalo

pul

poštanska markica

sınır

granica

gümrük

carina

elçilik

ambasada

vize

viza

pasaport

putovnica

# ulaşım

# transport

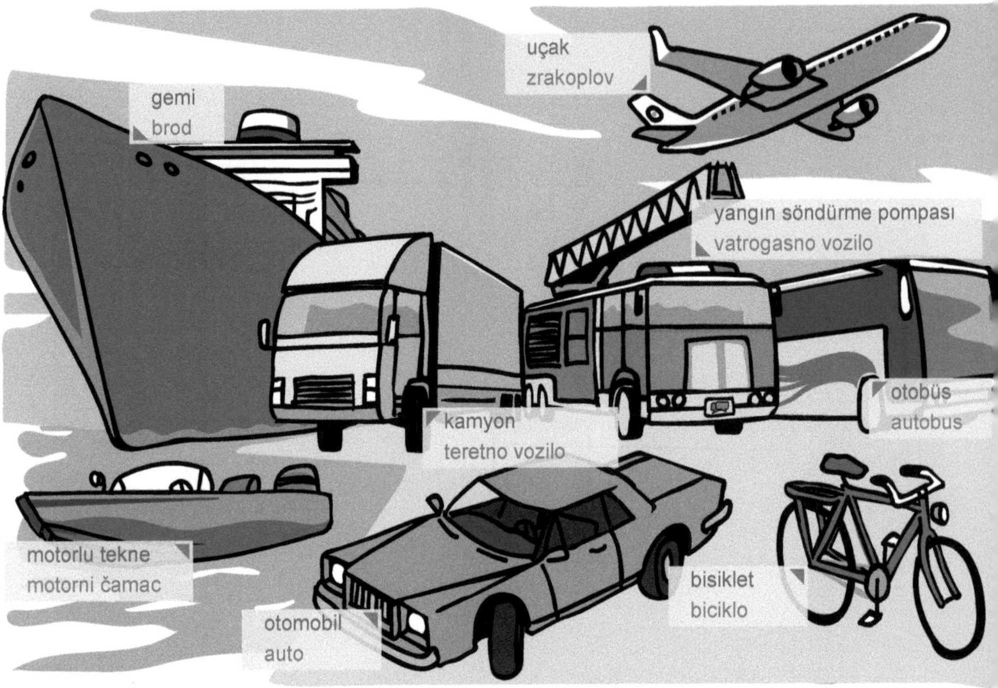
uçak
zrakoplov
gemi
brod
yangın söndürme pompası
vatrogasno vozilo
otobüs
autobus
kamyon
teretno vozilo
motorlu tekne
motorni čamac
bisiklet
biciklo
otomobil
auto

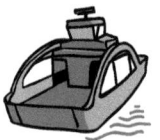

feribot

trajekt

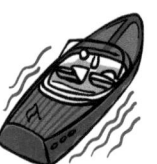

bot

čamac

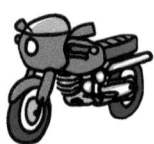

motosiklet

motocikl

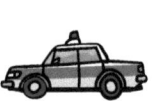

polis arabası

policijski auto

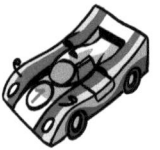

yarış arabası

trkaći auto

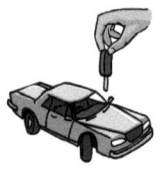

kiralık araba

iznajmljeno auto

ortak araba

dijeljenje automobila

çekici

vučno vozilo

çöp kamyonu

vozilo za odvoz smeća

motor

motor

yakıt

benzin

benzinlik

benzinska postaja

trafik işareti

prometni znak

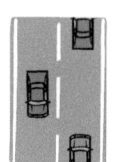

trafik

promet

trafik sıkışıklığı

zastoj

otopark

parkiralište

tren istasyonu

kolodvor

ray

šine

tren

vlak

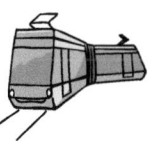

tramvay

tramvaj

vagon

vagon

helikopter
helikopter

havaalanı
zrakoplovna luka

kule
toranj

yolcu
putnik

konteyner
kontejner

koli
karton

yük arabası
kolica

sepet
košara

kalkış / iniş
uzletjeti / sletjeti

## şehir
## grad

köy
selo

şehir merkezi
centar grada

ev
kuća

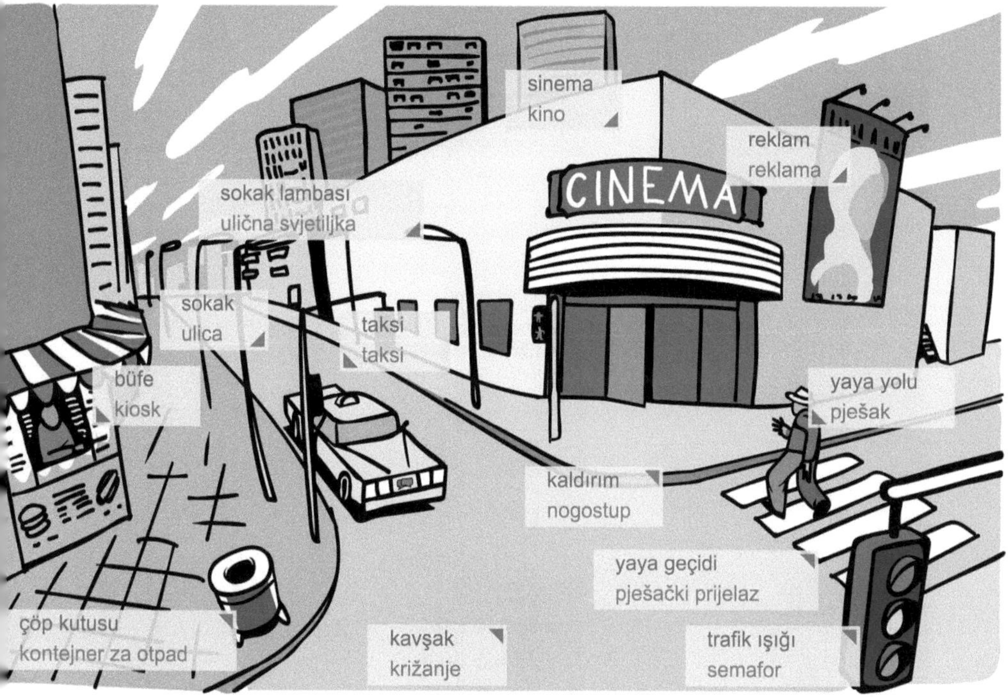

sinema
kino

reklam
reklama

sokak lambası
ulična svjetiljka

sokak
ulica

taksi
taksi

büfe
kiosk

yaya yolu
pješak

kaldırım
nogostup

yaya geçidi
pješački prijelaz

çöp kutusu
kontejner za otpad

kavşak
križanje

trafik ışığı
semafor

CINEMA

kulübe
................
koliba

apartman dairesi
................
stan

tren istasyonu
................
kolodvor

belediye binası
................
vijećnica

müze
................
muzej

okul
................
škola

üniversite

sveučilište

banka

banka

hastane

bolnica

otel

hotel

eczane

ljekarna

ofis

ured

kitapçı

knjižara

mağaza

prodavaonica

çiçekçi

cvjećara

süpermarket

supermarket

market

trg

büyük mağaza

robna kuća

balık satıcısı

ribarnica

alışveriş merkezi

trgovački centar

liman

luka

| | | |
|---|---|---|
|  |  |  |
| park<br>park | bank<br>klupa | köprü<br>most |
|  |  |  |
| merdiven<br>stepenice | metro<br>podzemna željeznica | tünel<br>tunel |
|  |  |  |
| otobüs durağı<br>autobusna stanica | bar<br>bar | restoran<br>restoran |
|  |  |  |
| posta kutusu<br>poštansko sanduče | sokak tabelası<br>ulični znak | otopark sayacı<br>parkirni sat |
|  |  |  |
| hayvanat bahçesi<br>zoološki vrt | yüzme havuzu<br>bazen | cami<br>džamija |

çiftlik
seosko gazdinstvo

kirlilik
zagađenje okoliša

mezarlık
groblje

kilise
crkva

oyun alanı
igralište

tapınak
hram

## arazi
## krajolik

yaprak
list

yön tabelası
putokaz

yol
put

çayır
livada

taş
kamen

yürüyüşçü
şetač

ağaç
drvo

ırmak
rijeka

çimen
trava

çiçek
cvijet

vadi

dolina

tepe

planina

göl

jezero

orman

šuma

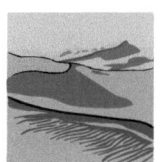

çöl

pustinja

volkan

vulkan

kale

dvorac

gökkuşağı

duga

mantar

gljiva

palmiye

palma

sivrisinek

moskito

sinek

muha

karınca

mrav

arı

pčela

örümcek

pauk

böcek

buba

kurbağa

žaba

sincap

vjeverica

kirpi

jež

yabani tavşan

zec

baykuş

sova

kuş

ptica

kuğu

labud

yaban domuzu

divlja svinja

geyik

jelen

geyik

los

baraj

nasip

rüzgar türbini

vjetrenjača

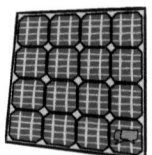

güneş paneli

solarna ploča

iklim

klima

garson
konobar

menü
jelovnik

sandalye
stolica

çorba
supa

pizza
pica

masa örtüsü
stolnjak

çatal - bıçak
pribor za jelo

başlangıç
predjelo

ana yemek
glavno jelo

tatlı
desert

içecekler
napitci

yemek
jelo

şişe
boca

fastfood
fastfood

sokak yemeği
imbis hrana

çaydanlık
čajnik

şekerlik
doza za šećer

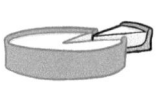

porsiyon
porcija

espresso makinesi
aparat za espresso

mama sandalyesi
visoka stolica

fatura
račun

tepsi
pladanj

bıçak
nož

çatal
vilica

kaşık
žlica

çay kaşığı
čajna žlica

servis peçetesi
ubrus

bardak
čaša

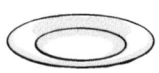

tabak
tanjur

çorba kasesi
tanjur za supu

fincan altlığı
tanjurić

sos
sos

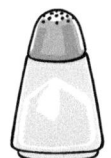

tuzluk
soljenka

karabiber değirmeni
mlin za biber

sirke
ocat

yağ
ulje

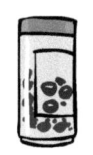

baharat
začini

ketçap
kečap

hardal
senf

mayonez
majoneza

özel teklif
ponuda

müşteri
kupac

süt ürünleri
mliječni proizvodi

alışveriş arabası
kolica za kupnju

meyve
voće

| | | |
|---|---|---|
|  |  |  |
| kasap | fırın | tartmak |
| mesnica | pekarnica | vagati |
|  | 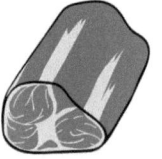 | 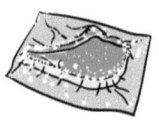 |
| sebze | et | donmuş gıda |
| povrće | meso | duboko smrznuta hrana |

söğüş et

narezak

konserve yiyecek

konzerve

toz deterjan

sredstvo za pranje

şekerlemeler

slatkiši

ev temizlik ürünleri

artikli za domaćinstvo

temizlik ürünleri

sredstva za čišćenje

satış görevlisi

prodavačica

yazar kasa

blagajna

kasiyer

blagajnik

alışveriş listesi

lista za kupnju

açılış saatleri

vrijeme rada

cüzdan

novčanik

kredi kartı

kreditna kartica

çanta

torba

plastik poşet

plastična vrećica

su
voda

meyve suyu
sok

süt
mlijeko

kola
cola

şarap
vino

bira
pivo

alkol
alkohol

kakao
kakao

çay
čaj

kahve
kava

espresso
espresso

kapuçino
cappuccino

muz

banana

elma

jabuka

portakal

naranča

kavun

lubenica

limon

limun

havuç

mrkva

sarımsak

češnjak

bambu

bambus

soğan

luk

mantar

gljiva

çerez

orašasti plodovi

makarna

rezanci

spagetti

špagete

pirinç

riža

salata

salata

cips

pomfrit

patates kızartması

pečeni krumpir

pizza

pica

hamburger

hamburger

sandviç

sendvič

şinitzel

šnicla

pastırma

pršut

salam

salama

sosis

kobasica

tavuk

kokoš

rosto

pečenje

balık

riba

yulaf ezmesi

zobene pahuljice

müsli

musli

mısır gevreği

kukuruzne pahuljice

un

brašno

kruvasan

roščić

küçük ekmek

pecivo

ekmek

kruh

tost

toast

bisküvi

keksi

tereyağı

maslac

kaymak

svježi sir

kek

kolač

yumurta

jaje

sahanda yumurta

jaje na oko

peynir

sir

dondurma

sladoled

şeker

šećer

bal

med

reçel

marmelada

fındık ezmesi

nugat krema

köri

curry

# çiftlik
# seosko gazdinstvo

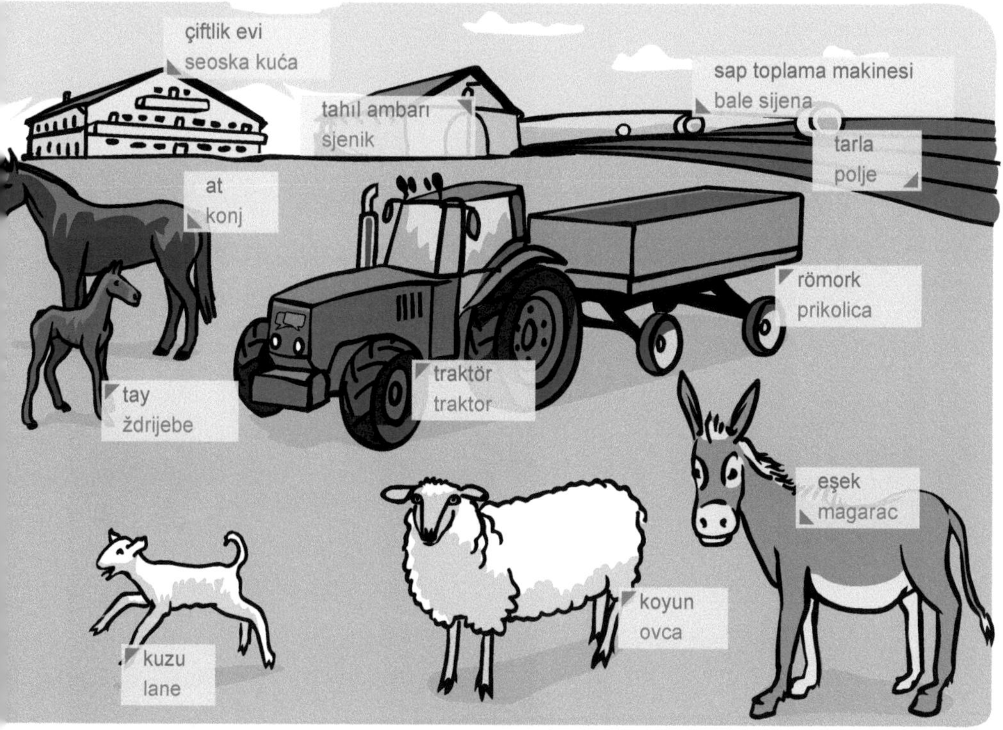
çiftlik evi
seoska kuća
tahıl ambarı
sjenik
sap toplama makinesi
bale sijena
tarla
polje
at
konj
römork
prikolica
traktör
traktor
tay
ždrijebe
eşek
magarac
koyun
ovca
kuzu
lane

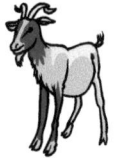

keçi

koza

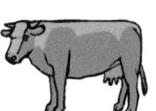

inek

krava

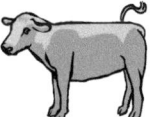

buzağı

tele

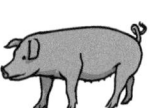

domuz

svinja

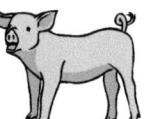

domuz yavrusu

prase

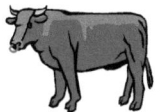

boğa

bik

kaz

guska

ördek

patka

civciv

pilići

tavuk

kokoš

horoz

pijetao

sıçan

pacov

kedi

mačka

fare

miš

öküz

vol

köpek

pas

köpek kulübesi

kućica za psa

bahçe hortumu

vrtno crijevo

sulama kabı

kanta za polijevanje

tırpan

kosa

pulluk

plug

orak
srp

çapa
motika

dirgen
vilica za gnojivo

balta
sjekira

el arabası
tačke

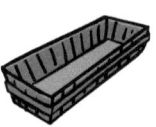

yemlik
korito

süt kovası
posuda za mlijeko

çuval
vreća

çit
ograda

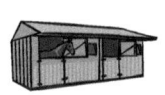

ahır
štala

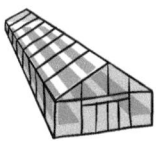

sera
staklenik

toprak
zemlja

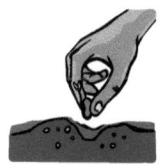

tohum
sjeme

gübre
gnojivo

biçerdöver
kombajn

hasat etmek
......................
žanjati

harman
......................
žetva

tatlı patates
......................
yams začin

buğday
......................
pšenica

soya
......................
soja

patates
......................
krumpir

mısır
......................
kukuruz

kolza
......................
uljana repica

meyve ağacı
......................
voćka

manyok
......................
gomolj manioke

hububat
......................
žitarice

baca
dimnjak

çatı
krov

yağmur oluğu
žlijeb

pencere
prozor

garaj
garaža

kapı zili
zvono

kapı
vrata

çöp kutusu
korpa za otpad

posta kutusu
poštansko sanduče

bahçe
vrt

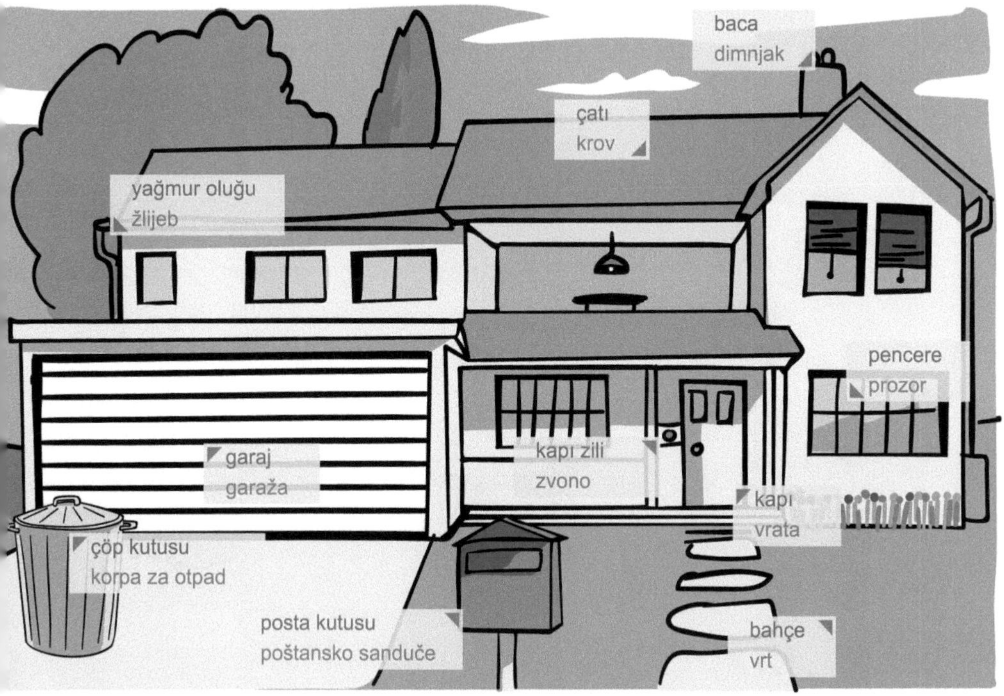

oturma odası
.................
dnevna soba

banyo
.................
kupaonica

mutfak
.................
kuhinja

yatak odası
.................
spavaća soba

çocuk odası
.................
dječija soba

yemek odası
.................
trpezarija

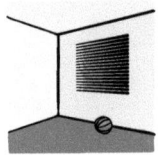

zemin
................
pod

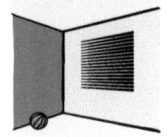

duvar
................
zid

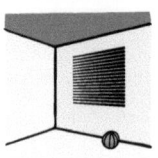

tavan
................
strop

kiler
................
podrum

sauna
................
sauna

balkon
................
balkon

teras
................
terasa

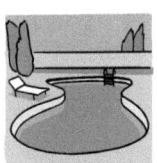

havuz
................
bazen

çim biçme makinesi
................
kosilica za travu

çarşaf
................
posteljina za krevet

yatak örtüsü
................
deka za krevet

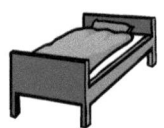

yatak
................
krevet

süpürge
................
metla

kova
................
kanta

anahtar
................
sklopka

# oturma odası
# dnevna soba

duvar kağıdı
tapeta
resim
slika
lamba
svjetiljka
raf
regal
dolap
ormar
televizyon
televizija
şömine
kamin
çiçek
cvijet
minder
jastuk
kanepe
kauč
vazo
vaza
uzaktan kumanda
daljinski upravljač

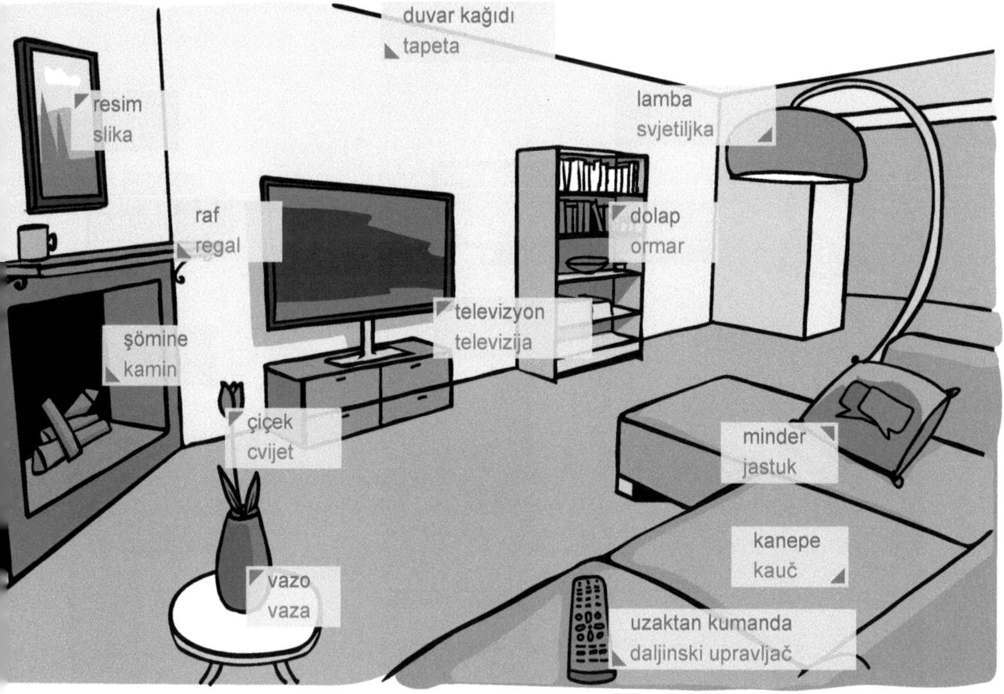

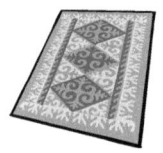

halı
tepih

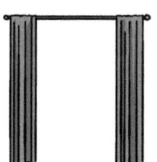

perde
zavjesa

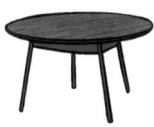

masa
stol

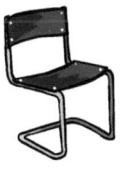

sandalye
stolica

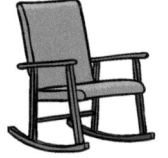

salıncaklı koltuk
stolica za njihanje

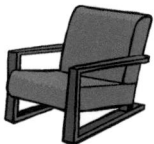

koltuk
fotelja

kitap

knjiga

battaniye

deka

dekor

dekoracija

odun

drvo za ogrjev

film

film

hi-fi

stereo uređaj

anahtar

ključ

gazete

novine

tablo

slika na platnu

poster

poster

radyo

radio

defter

blok za pisanje

elektrikli süpürge

usisavač

kaktüs

kaktus

mum

svijeća

# mutfak
# kuhinja

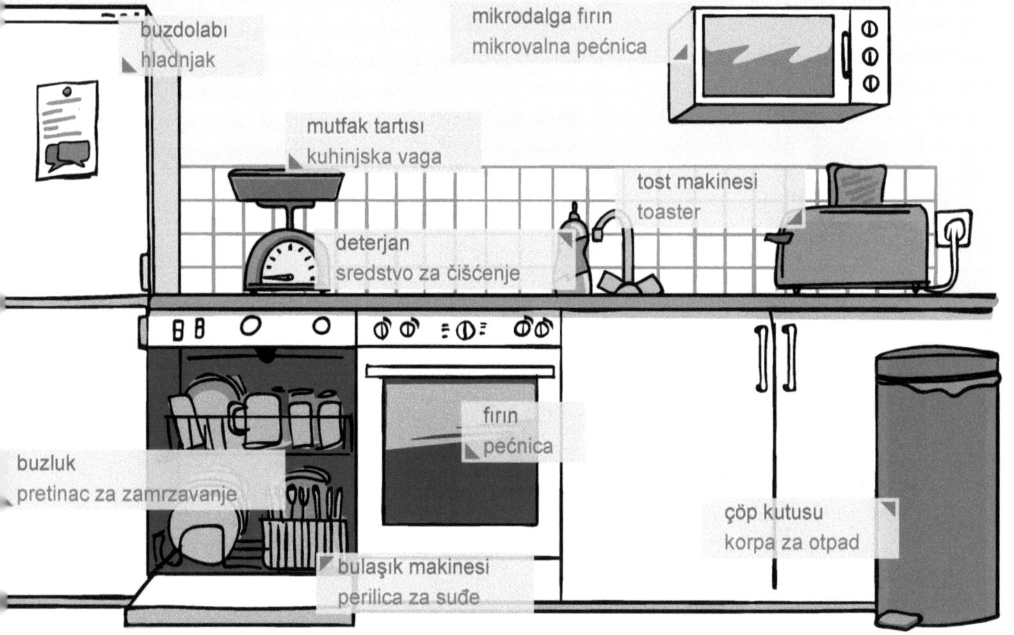
buzdolabı
hladnjak
mikrodalga fırın
mikrovalna pećnica
mutfak tartısı
kuhinjska vaga
tost makinesi
toaster
deterjan
sredstvo za čišćenje
fırın
pećnica
buzluk
pretinac za zamrzavanje
çöp kutusu
korpa za otpad
bulaşık makinesi
perilica za suđe

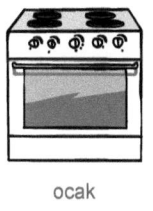

ocak

štednjak

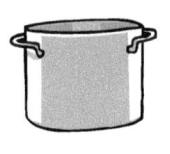

tencere

lonac

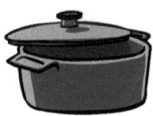

döküm tencere

željezni lonac

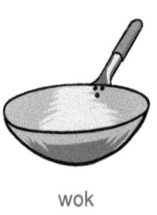

wok

wok / kadai

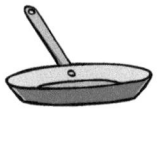

tava

tava

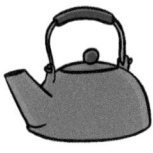

su ısıtıcı

kuhalo za vodu

buharlı pişirici

kuhalo na paru

pişirme tepsisi

lim za pečenje

tabak takımı

posuđe

kupa

čaša

kase

zdjela

çubuk (çin yemeği)

štapići za jelo

kepçe

kutljača

spatula

lopatica

çırpma teli

pjenjača

süzgeç

sito za kuhanje

elek

sito

rende

ribež

havan

mužar

barbekü

roštilj

açık ateş

ognjište

kesme tahtası

daska

merdane

oklagija

tirbüşon

vadičep

konserve kutusu

konzerva

konserve açacağı

otvarač konzervi

fırın eldiveni

krpa za lonac

evye

sudoper

fırça

četka

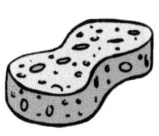

sünger

spužva

blender

mikser

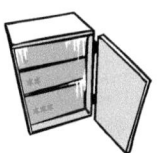

derin dondurucu

zamrzivač

biberon

bočica za bebe

musluk

slavina za vodu

# banyo
# kupaonica

ısıtma
grijanje
duş
tuš
havlu
ručnik
duş perdesi
zavjesa za tuš
köpük banyosu
pjenušava kupka
küvet
kada
bardak
čaša
çamaşır makinesi
perilica za rublje
musluk
slavina za vodu
fayans
pločice
lazımlık
dječja kahlica
evye
sudoper


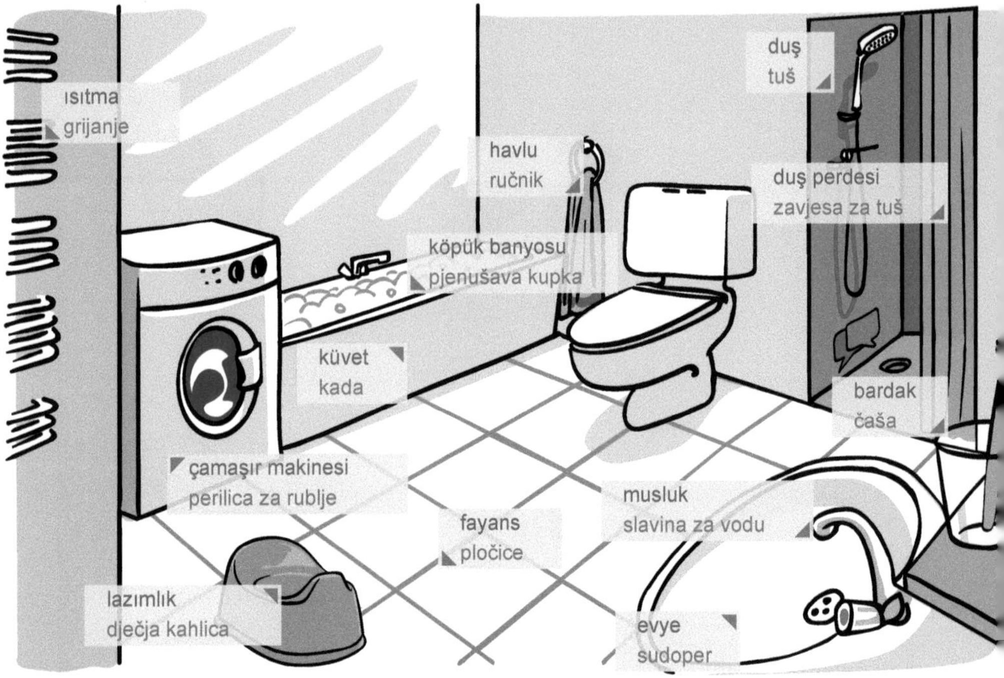

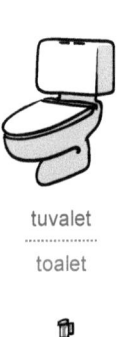

tuvalet

toalet

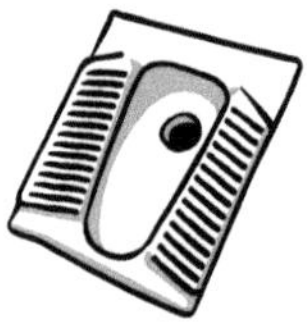

alaturka tuvalet

čučavac

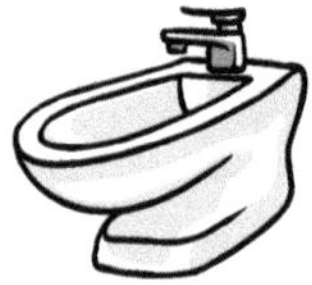

bide

bidet

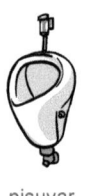

pisuvar

pisoar

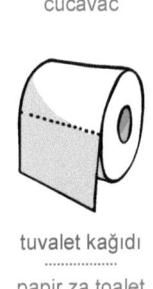

tuvalet kağıdı

papir za toalet

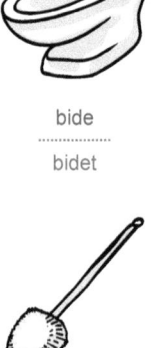

tuvalet fırçası

četka za toalet

diş fırçası

çetkica za zube

diş macunu

pasta za zube

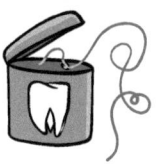

diş ipi

konac za zube

yıkamak

prati

duş başlığı

tuš ručica

duş başlığı şeklinde taharet musluğu

tuš za pranje intimnih dijelova

küvet

lavor

banyo fırçası

četka za pranje leđa

sabun

sapun

duş jeli

gel za tuširanje

şampuan

šampon

banyo lifi

krpa za pranje

gider

odvod

krem

krema

deodorant

dezodorans

ayna
.................
ogledalo

el aynası
.................
kozmetičko ogledalo

jilet
.................
brijač

tıraş köpüğü
.................
pjena za brijanje

tıraş losyonu
.................
losion za poslije brijanja

tarak
.................
češalj

fırça
.................
četka

saç kurutma makinesi
.................
sušilo za kosu

saç spreyi
.................
sprej za kosu

makyaj
.................
makeup

ruj
.................
ruž za usne

tırnak cilası
.................
lak za nokte

pamuk
.................
vata

tırnak makası
.................
škare za nokte

parfüm
.................
parfem

makyaj çantası
neseser

tabure
stolica

tartı
vaga

bornoz
ogrtač

lastik eldiven
rukavice za čišćenje

tampon
tampon

kadın pedi
uložak

kimyevi tuvalet
kemijski toalet

# çocuk odası
# dječija soba

çalar saat
budilnik
peluş oyuncak
plišana igračka
oyuncak araba
auto igračka
çıngırak
zvečka
bebek evi
kućica za lutke
hediye
poklon


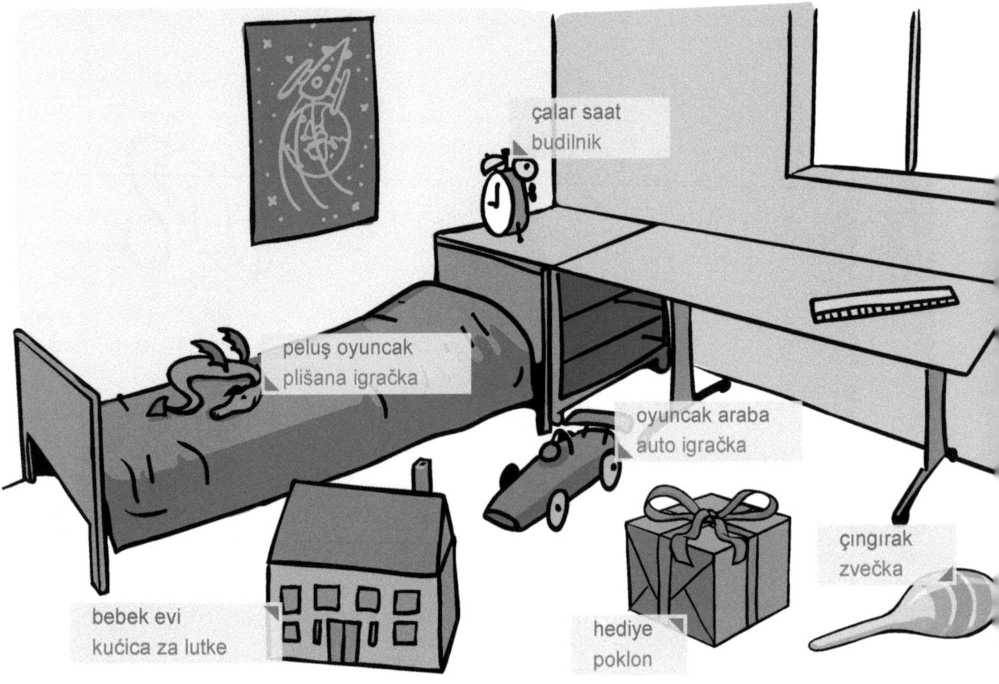

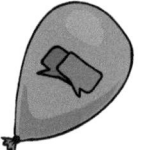

balon

balon

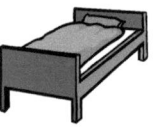

yatak

krevet

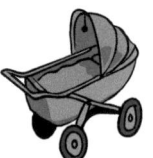

bebek arabası

dječija kolica

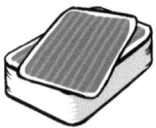

kart destesi

igra s kartama

yapboz

slagalica

SUPER MEGA


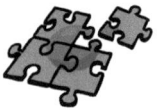

çizgi roman

strip

lego tuğlaları

lego kockice

lego blokları

kockice za slaganje

aksiyon figürü

akcioni junak

zıbın

kombinezon za bebe

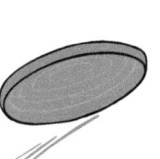

frizbi

frizbi

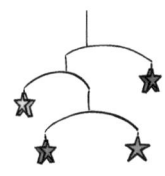

dönence

viseće igračke

masa oyunu

društvene igre

zar

kocka

model tren seti

minijaturna željeznica

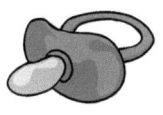

emzik

duda

parti

tulum

resimli kitap

slikovnica

top

lopta

oyuncak bebek

lutka

oynamak

igrati

kum havuzu

pješčanik

salıncak

ljuljačka

oyuncaklar

igračka

video oyun konsolu

konzola za igre

üç tekerlekli bisiklet

tricikl

oyuncak ayı

plišani medo

gardırop

ormar

## kıyafet

## odjeća

çorap

kratke čarape

külotlu çorap

čarape

tayt

hulahopke

eşarp
šal

kemer
kaiš

şemsiye
kišobran

tişört
t-shirt

spor ayakkabı
patike

bot
čizme

terlik
papuče

sandalet
sandale

ayakkabı
cipele

lastik çizme
gumene čizme

külot
gaćice

sütyen
grudnjak

yelek
potkošulja

dar bluz

bodi

pantolon

hlače

kot pantolon

džins

etek

haljina

bluz

bluza

gömlek

košulja

kazak

džemper

süveter

pulover s kapuljačom

blazer

blejzer

ceket

jakna

mont

kaput

yağmurluk

kabanica

kostüm

kostim

elbise

haljina

gelinlik

vjenčanica

kıyafet - odjeća

takım elbise

odijelo

gecelik

spavaćica

pijama

pidžama

sari

sari

baş örtüsü

rubac

türban

turban

burka

burka

kaftan

kaftan

çarşaf

abaja

mayo

kupaći kostim

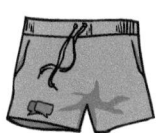

erkek mayosu

kupaće gaćice

şort

kratke hlače

eşofman

odjeća za trening

önlük

pregača

eldiven

rukavice

düğme
gumb

gözlük
naočale

bilezik
narukvica

kolye
ogrlica

yüzük
prsten

küpe
naušnica

kep
kapa

portmanto
vješalica

şapka
šešir

kravat
kravata

fermuar
patent zatvarač

kask
kaciga

pantolon askısı
naramenice

okul forması
školska uniforma

üniforma
uniforma

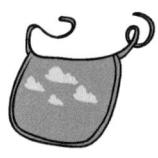

mama önlüğü

podbradak

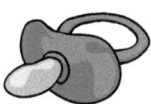

emzik

duda

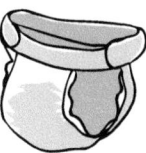

bebek bezi

pelena

# ofis

# ured

sunucu
server
dosya dolabı
ormar za spise
kağıt
papir
yazıcı
pisač
monitör
monitor
masa
pisaći stol
fare
miš
klasör
mapa
klavye
tipkovnica
kağıt çöp kutusu
košara za papir
bilgisayar
računar
sandalye
stolica

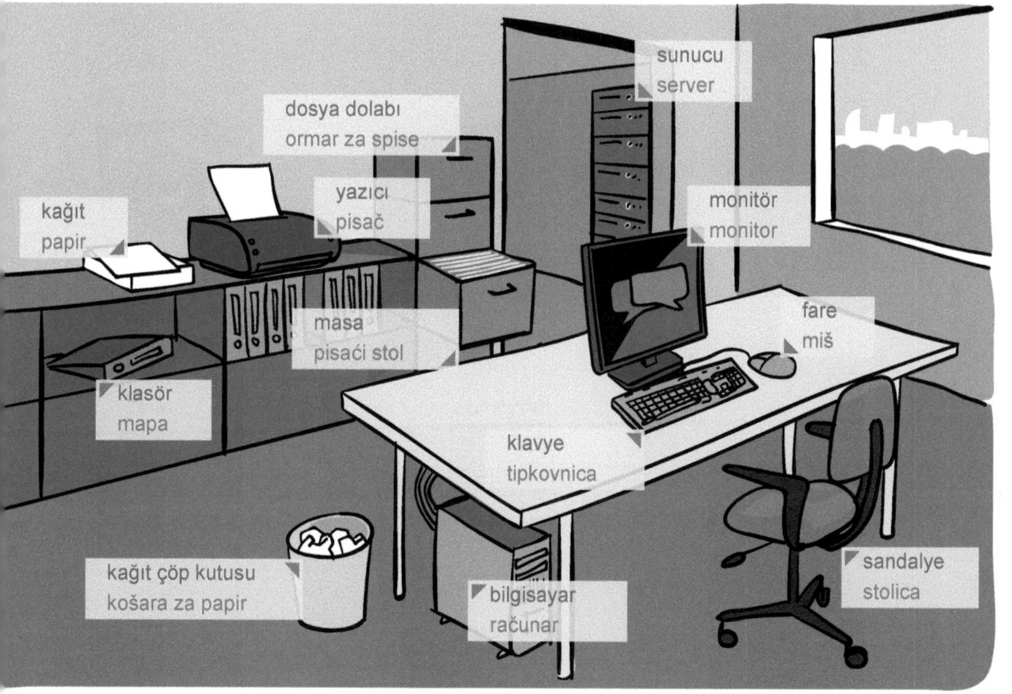

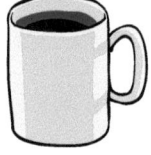

kahve fincanı

šalica za kavu

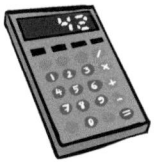

hesap makinesi

kalkulator

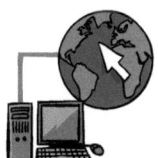

internet

internet

dizüstü

laptop

mektup

pismo

mesaj

poruka

cep telefonu

mobilni telefon

ağ

mreža

fotokopi makinesi

uređaj za kopiranje

yazılım

softver

telefon

telefon

priz

utičnica

faks makinesi

faks

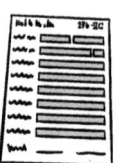

form

obrazac

belge

dokument

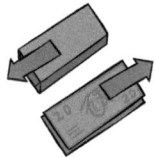

satın almak

kupovati

ödemek

platiti

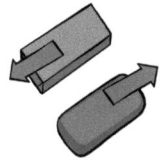

ticaret yapmak

trgovati

para

novac

 **USD**

dolar

dolar

 **EUR**

avro

euro

 **JPY**

yen

jen

 **RUB**

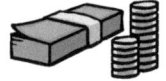

ruble

rubalj

 **CHF**

İsviçre frangı

švicarski franak

 **CNY**

Çin yuanı

renmindbi yuan

 **INR**

rupi

rupija

kasa

automat za novac

döviz bürosu

mjenjačnica

altın

zlato

gümüş

srebro

petrol

nafta

enerji

energija

fiyat

cijena

kontrat

ugovor

vergi

porez

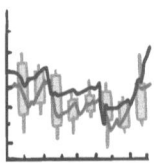

menkul değer

dionica

çalışmak

raditi

işveren

službenik

işçi

poslodavac

fabrika

tvornica

mağaza

prodavaonica

ekonomi - gospodarstvo

polis memuru
policajac

itfaiyeci
vatrogasac

aşçı
kuhar

doktor
liječnik

pilot
pilot

bahçıvan

vrtlar

marangoz

stolar

terzi

krojačica

hakim

sudija

kimyager

kemičar

aktör

glumac

otobüs şoförü

vozač autobusa

taksi şoförü

vozač taksija

balıkçı

ribar

temizlikçi

čistačica

çatı ustası

krovopokrivač

garson

konobar

avcı

lovac

boyacı

slikar

fırıncı

pekar

elektrikçi

električar

inşaatçı

građevinski radnik

mühendis

inženjer

kasap

mesar

muslukçu

limar

postacı

poštar

asker
vojnik

mimar
arhitekta

kasiyer
blagajnik

çiçekçi
cvjećar

kuaför
frizer

kondüktör
kondukter

tamirci
mehaničar

kaptan
kapetan

dişçi
zubar

bilim insanı
znanstvenik

haham
rabi

imam
imam

keşiş
monah

rahip
svećenik

# aletler

# alati

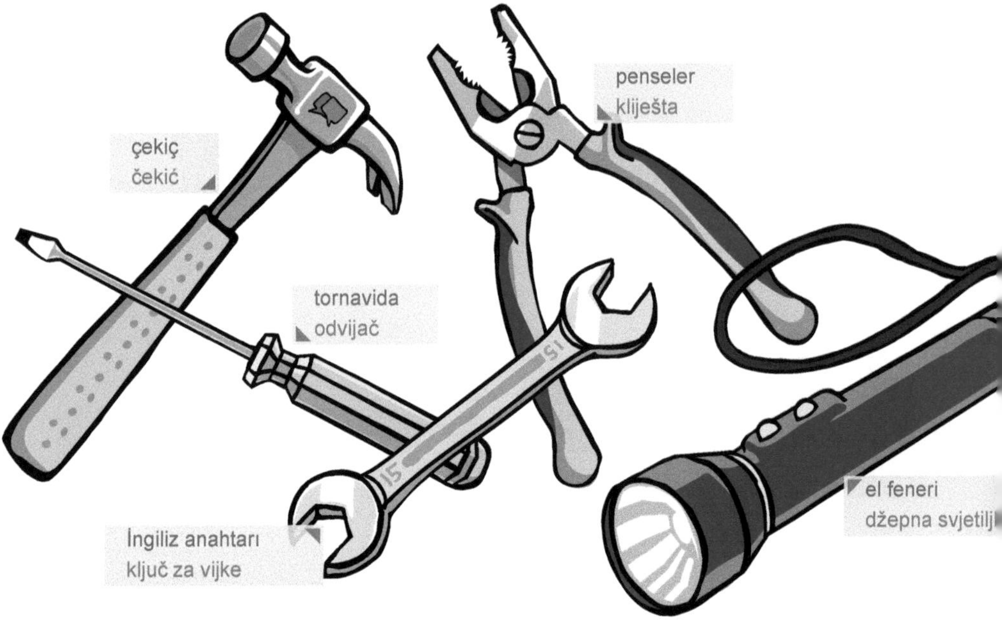

çekiç
čekić
penseler
kliješta
tornavida
odvijač
el feneri
džepna svjetilj
İngiliz anahtarı
ključ za vijke


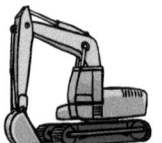

kazı makinesi

rovokopač

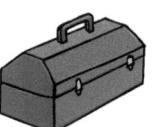

alet çantası

kutija za alat

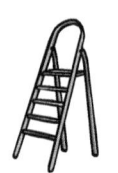

merdiven

ljestve

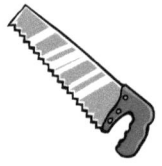

testere

pila

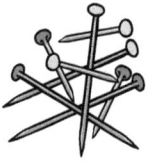

çiviler

ekser

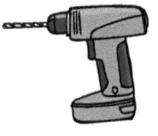

matkap

bušilica

tamir etmek

popraviti

kürek

lopata

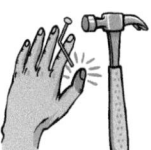

Kahretsin!

Sranje!

faraş

lopatica

boya tenekesi

lonac za boju

vidalar

vijci

## müzik enstrümanı
## glazbeni instrument

bateri seti
bubnjevi

hoparlör
zvučnik

gitar
gitara

kontrbas
kontrabas

trompet
truba

| | | |
|---|---|---|
|  |  |  |
| piyano | keman | basgitar |
| klavir | violina | bas |
|  |  |  |
| timpani | bateri | klavye |
| timpani | udaraljke za bubnjeve | keyboard |
|  |  |  |
| saksafon | flüt | mikrofon |
| saksofon | flauta | mikrofon |

müzik enstrümanı - glazbeni instrument

# hayvanat bahçesi

## zoološki vrt

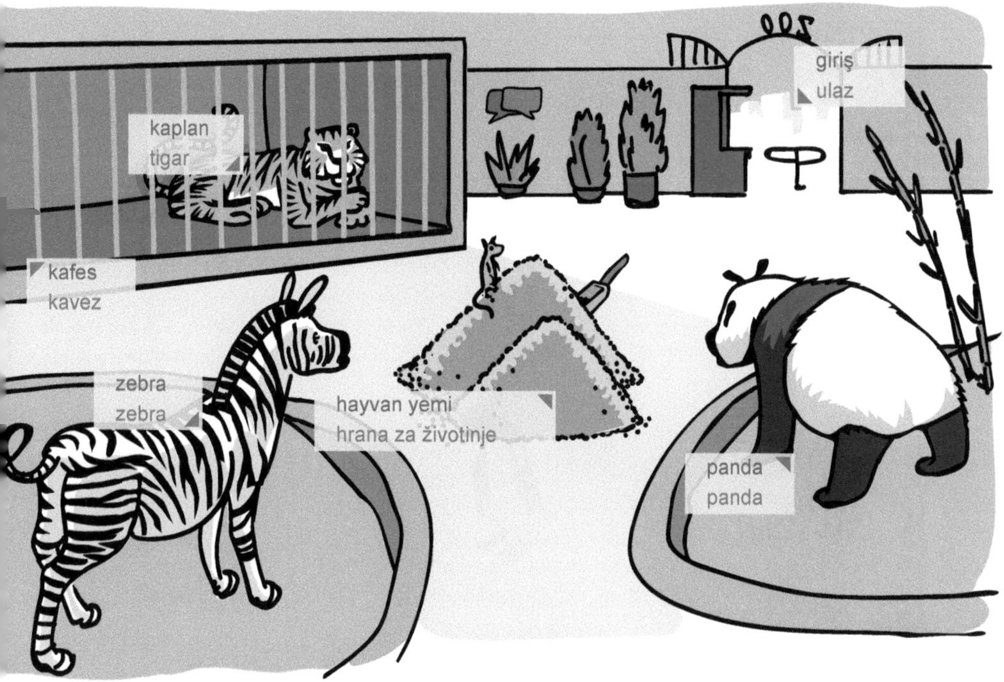

zoo
giriş
ulaz
kaplan
tigar
kafes
kavez
zebra
zebra
hayvan yemi
hrana za životinje
panda
panda


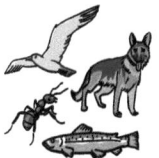

hayvanlar

životinje

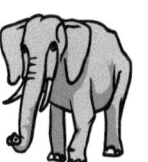

fil

slon

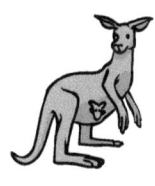

kanguru

kengur

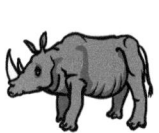

gergedan

nosorog

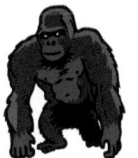

goril

gorila

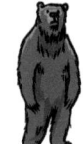

ayı

medvjed

deve

kamila

deve kuşu

noj

aslan

lav

maymun

majmun

flamingo

flamingo

papağan

papagaj

kutup ayısı

polarni medvjed

penguen

pingvin

köpek balığı

ajkula

tavus kuşu

paun

yılan

zmija

timsah

krokodil

hayvanat bahçesi görevlisi

çuvar u zoološkom vrtu

fok

tuljan

jaguar

jaguar

midilli atı

poni

leopar

leopard

su aygırı

nilski konj

zürafa

žirafa

kartal

orao

yaban domuzu

divlja svinja

balık

riba

kaplumbağa

kornjača

mors

morž

tilki

lisica

ceylan

gazela

amerikan futbolu
američki nogomet

bisiklete binme
biciklizam

tenis
tenis

basketbol
košarka

yüzme
plivanje

boks
boks

buz hokeyi
hockey na ledu

futbol
nogomet

badminton
badminton

atletizm
atletıka

hentbol
rukomet

kayak
skijanje

polo
polo

# etkinlikler
# aktivnosti

gülmek
smijati se
atlamak
skočiti
sarılmak
zagrliti
yürümek
ići
söylemek
pjevati
hayal etmek
sanjati
dua etmek
moliti se
öpmek
poljubiti


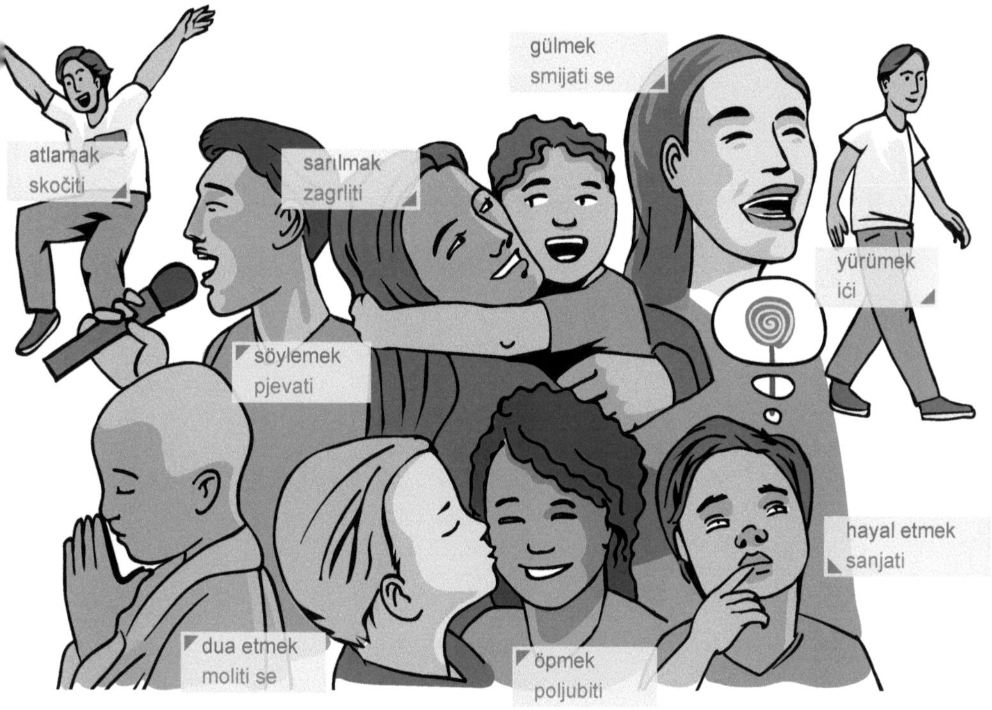

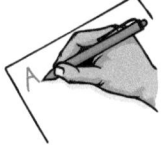

yazmak

pisati

çizmek

crtati

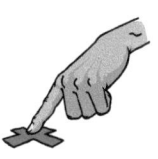

göstermek

pokazati

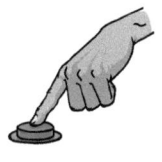

itmek

gurati

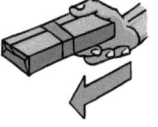

vermek

dati

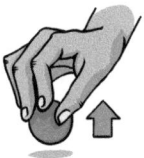

almak

uzeti

sahip olmak

imati

yapmak

činiti

olmak

biti

ayakta durmak

stojati

koşmak

trčati

çekmek

povlačiti

atmak

baciti

düşmek

padati

yalan söylemek

ležati

beklemek

čekati

taşımak

nositi

oturmak

sjediti

giyinmek

oblačiti

uyumak

spavati

uyanmak

probuditi se

etkinlikler - aktivnosti

bakmak

gledati

ağlamak

plakati

vurmak

milovati

taramak

češljati

konuşmak

govoriti

anlamak

razumjeti

sormak

pitati

dinlemek

slušati

içmek

piti

yemek

jesti

düzenlemek

pospremiti

sevmek

voljeti

pişirmek

kuhati

sürmek

voziti

uçmak

letjeti

denize açılmak

ploviti

hesapla

računati

okumak

čitati

öğrenmek

učiti

çalışmak

raditi

evlenmek

vjenčati se

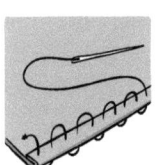

dikmek

šiti

diş fırçalamak

prati zube

öldürmek

ubiti

sigara içmek

pušiti

yollamak

poslati

büyükanne
baka

büyükbaba
djed

baba
otac

anne
majka

bebek
beba

kız
kćerka

oğul
sin

misafir

gost

teyze

tetka

amca

ujak, stric

erkek kardeş

brat

kız kardeş

sestra

# vücut
# tijelo

alın
čelo
göz
oko
omuz
rame
parmak
prst
yüz
lice
çene
brada
el
ruka
bacak
noga
göğüs
grudi
kol
ruka

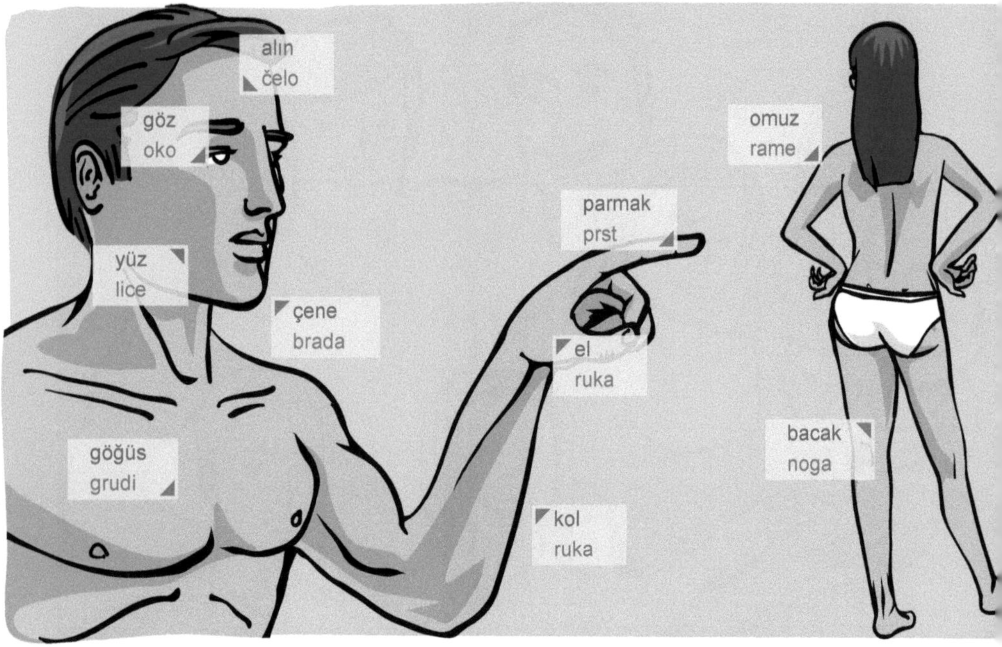

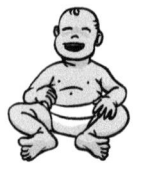

bebek

beba

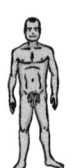

adam

muškarac

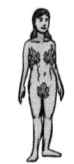

kadın

žena

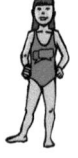

kız

djevojčica

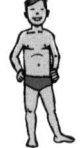

erkek çocuk

dječak

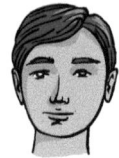

baş

glava

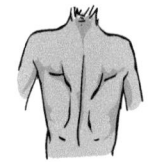

sırt
......................
leđa

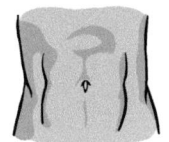

karın
......................
trbuh

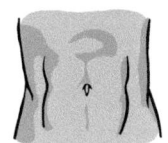

göbek
......................
pupak

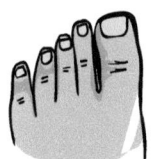

ayak parmağı
......................
nožni prst

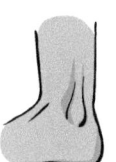

topuk
......................
peta

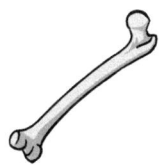

kemik
......................
kost

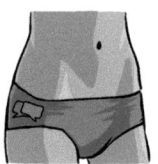

kalça
......................
kuk

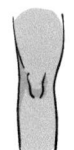

diz
......................
koljeno

dirsek
......................
lakat

burun
......................
nos

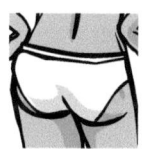

kalça
......................
stražnjica

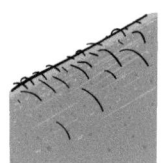

deri
......................
koža

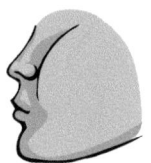

yanak
......................
obraz

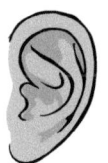

kulak
......................
uho

dudak
......................
usna

ağız

usta

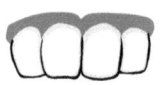

diş

zub

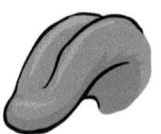

dil

jezik

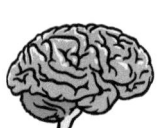

beyin

mozak

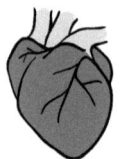

kalp

srce

kas

mišić

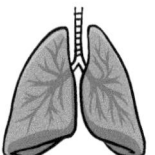

akciğer

pluća

karaciğer

jetra

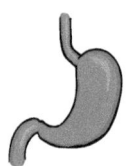

mide

želudac

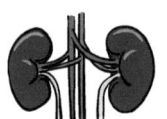

böbrekler

bubrezi

seks

snošaj

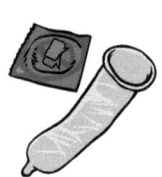

prezervatif

kondom

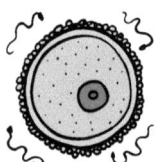

yumurtalık

jajna stanica

sperm

sperma

hamilelik

trudnoća

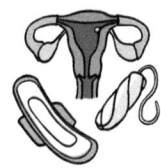

regl
menstruacija

vajina
vagina

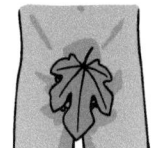

penis
penis

kaş
obrva

saç
kosa

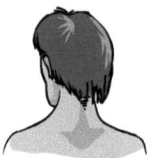

boyun
vrat

# hastane
# bolnica

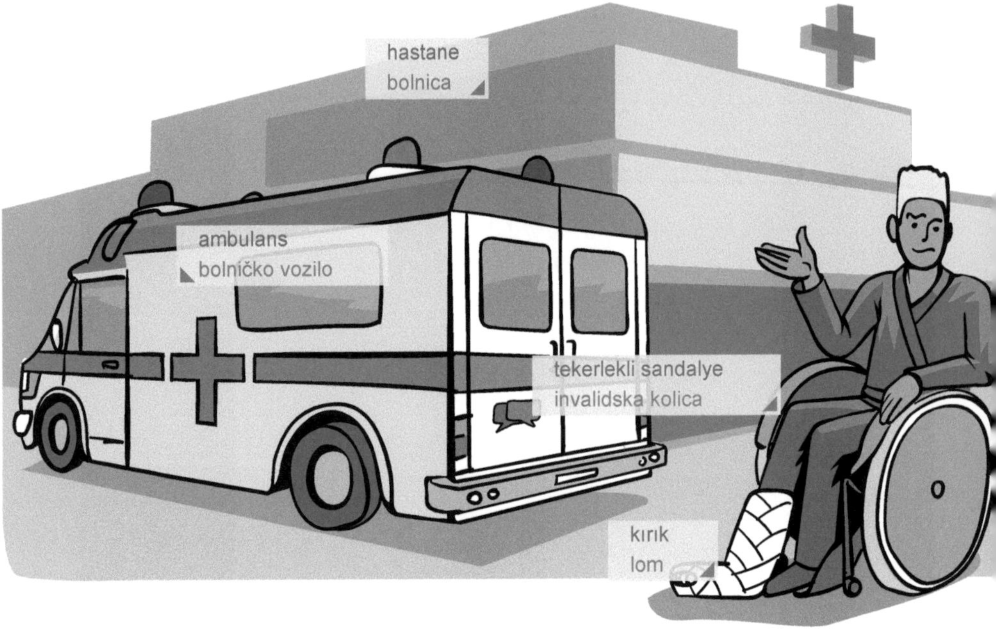

hastane
bolnica
ambulans
bolničko vozilo
tekerlekli sandalye
invalidska kolica
kırık
lom

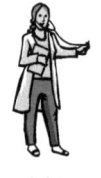

doktor

liječnik

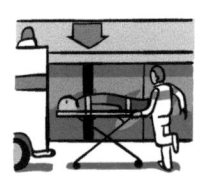

acil servis

hitna medicinska služba

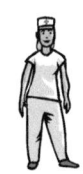

hemşire

medicinska sestra

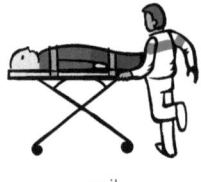

acil

hitni slučaj

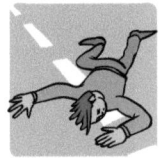

baygın

nesvijest

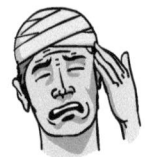

acı

bol

yaralanma

ozljeda

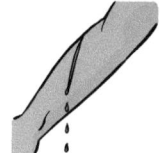

kanama

krvarenje

kalp krizi

srćani infarkt

felç

moždani udar

alerji

alergija

öksürük

kašalj

ateş

groznica

grip

gripa

ishal

proljev

baş ağrısı

glavobolja

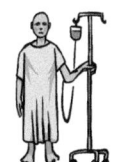

kanser

rak

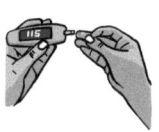

şeker hastalığı

dijabetes

cerrah

kirurg

neşter

skalpel

operasyon

operacija

bilgisayarlı tomografi

ct

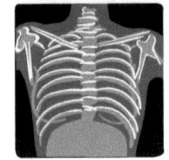

röntgen

rentgen

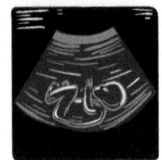

ultrason

ultrazvuk

yüz maskesi

maska

hastalık

bolest

bekleme odası

čekaonica

koltuk değneği

štaka

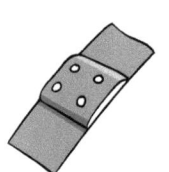

yara bandı

flaster

bandaj

zavoj

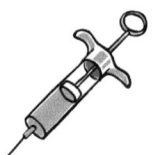

enjeksiyon

injekcija

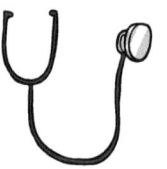

steteskop

stetoskop

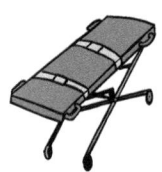

sedye

nosilo

tıbbi termometre

termometar

doğum

rođenje

fazla kilo

prekomjerna težina

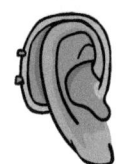

işitme cihazı
slušni aparat

dezenfektan
sredstvo za dezinfekciju

enfeksiyon
infekcija

virüs
virus

HIV / AIDS
hiv / sida

ilaç
medicina

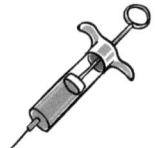

aşı
vakcinacija

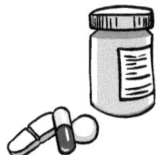

tablet
tablete

hap
pilula

acil çağrı
poziv u pomoć

tansiyon aleti
uređaj za mjerenje tlaka

hasta / sağlıklı
bolesno / zdravo

İmdat!

pomoć!

alarm

alarm

darp

nasrtaj

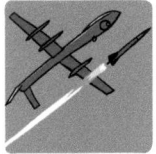

saldırı

napad

tehlike

opasnost

acil çıkış

izlaz za nuždu

Yangın!

požar!

yangın tüpü

vatrogasni aparat

kaza

nezgoda

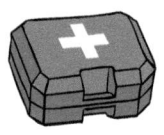

ilk yardım çantası

kofer prve pomoći

imdat

sos

polis

policija

Avrupa

Europa

Kuzey Amerika

sjeverna amerika

Güney amerika

južna amerika

Afrika

Afrika

Asya

Azija

Avustralya

Australija

Atlantik

Atlantik

Pasifik

Pacifik

Hint Okyanusu

ocean

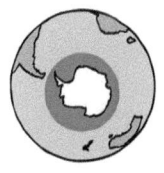

Antarktika Okyanusu

antarktički ocean

Arktik Okyanusu

arktički ocean

Kuzey Kutbu

sjeverni pol

Güney Kutbu

južni pol

Antarktika

Antarktik

dünya

zemlja

kara

zemlja

deniz

more

ada

otok

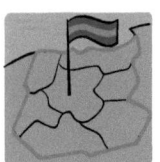

ulus

nacija

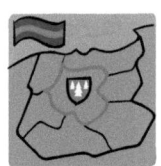

ülke

država

dünya - zemlja

kadran

brojčanik sata

akrep

satna kazaljka

yelkovan

minutna kazaljka

saniye ibresi

sekundna kazaljka

Saat kaç?

Koliko je sati?

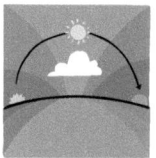

gün

dan

zaman

vrijeme

şimdi

sada

dijital saat

digitalni sat

dakika

minuta

saat

sat

saat - sat

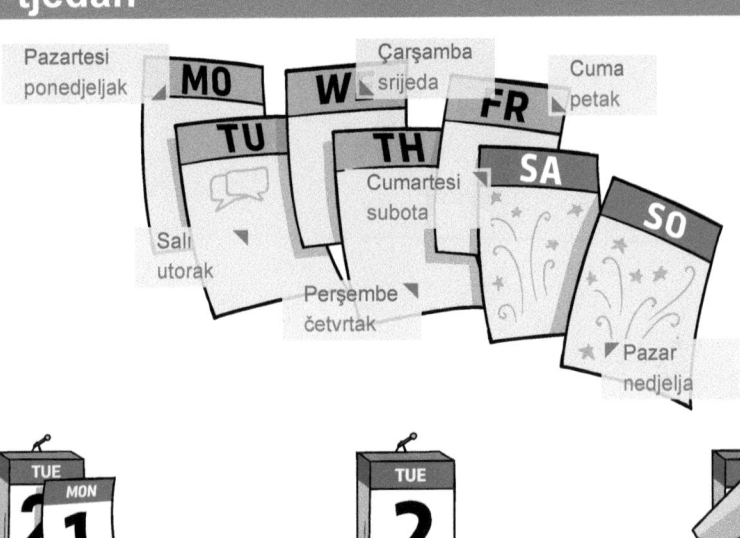

Pazartesi
ponedjeljak

**MO**

**W** srijeda
Çarşamba

**FR** petak
Cuma

**TU**

**TH**

**SA**

**SO**

Salı
utorak

Cumartesi
subota

Perşembe
çetvrtak

Pazar
nedjelja

dün
..................
jučer

bugün
..................
danas

yarın
..................
sutra

sabah
..................
jutro

öğle
..................
podne

akşam
..................
večer

iş günleri
..................
radni dani

hafta sonu
..................
vikend

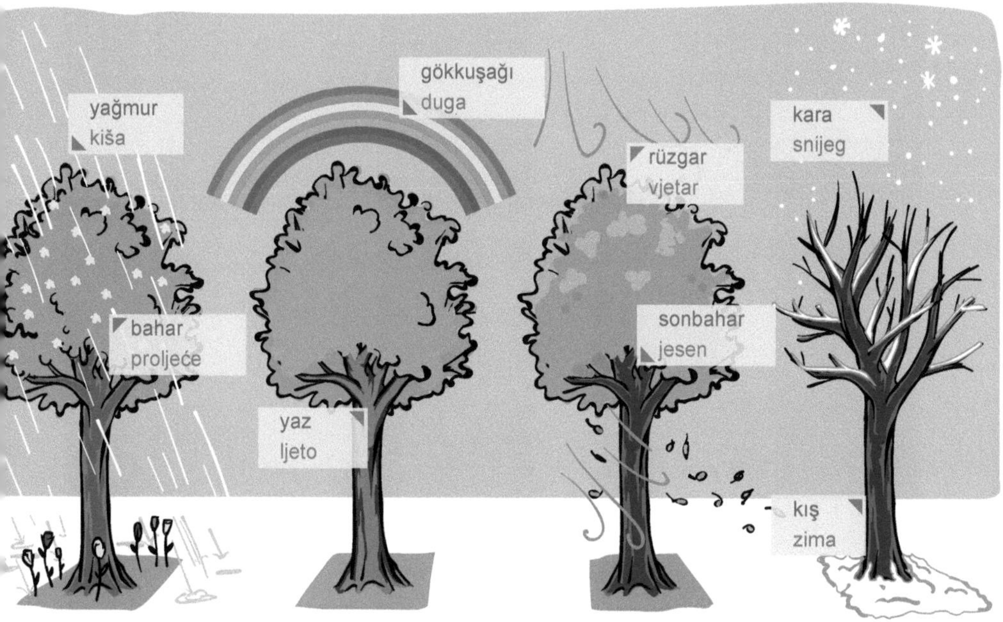

yağmur
kiša

gökkuşağı
duga

kara
snijeg

rüzgar
vjetar

bahar
proljeće

sonbahar
jesen

yaz
ljeto

kış
zima

| 4.APRIL | 11° | |
| 5.APRIL | 4° | |
| 6.APRIL | 13° | |
| 7.APRIL | 8° | |
| 8.APRIL | 10° | |

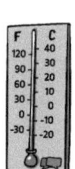

| F | C |
|---|---|
| 120 | 40 |
| 90 | 30 |
| 60 | 20 |
| 30 | 10 |
| 0 | 0 |
| -30 | -10 |
| | -20 |

hava durumu tahmini

meteorološka prognoza

termometre

termometar

güneş ışığı

sunčana svjetlost

bulut

oblak

sis

magla

nem

vlažnost zraka

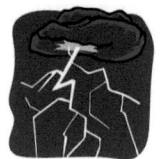

şimşek
munja

gök gürültüsü
grmljavina

fırtına
oluja

dolu
tuča

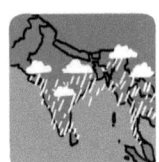

muson
monsun

sel
poplava

buz
led

Ocak
siječanj

Şubat
veljača

Mart
ožujak

Nisan
travanj

Mayıs
svibanj

Haziran
lipanj

Temmuz
srpanj

Ağustos
kolovoz

yıl - godina

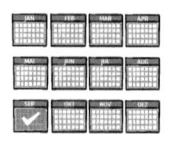

Eylül
..................
rujan

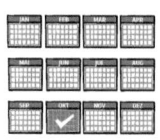

Ekim
..................
listopad

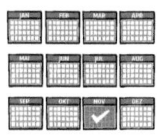

Kasım
..................
studeni

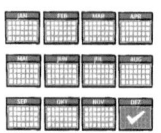

Aralık
..................
prosinac

## şekiller
## oblici

daire
..................
krug

kare
..................
kvadrat

dikdörtgen
..................
pravokutnik

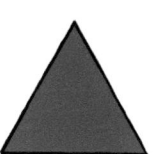

üçgen
..................
trokut

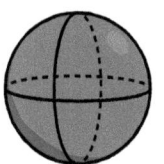

küre
..................
kugla

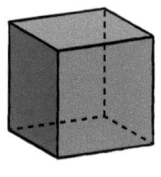

küp
..................
kocka

beyaz
bijela

sarı
žuta

turuncu
narančasta

pembe
ružičasta

kırmızı
crvena

mor
ljubičasta

mavi
plava

yeşil
zelena

kahverengi
smeđa

gri
siva

siyah
crna

çok / az
mnogo / malo

kızgın / sakin
ljutito / mirno

güzel / çirkin
lijepo / ružno

başlangıç / son
početak / kraj

büyük / küçük
veliko / maleno

parlak / karanlık
svijetlo / tamno

rkek kardeş / kız kardeş
brat / sestra

temiz / kirli
čisto / prljavo

tamam / eksik
potpuno / nepotpuno

gün / gece
dan / noć

ölü / canlı
mrtvo / živo

geniş / dar
široko / usko

yenilebilir / yenilemez

jestivo / nejestivo

kötü / iyi

zlo / dobro

heyecanlı / sıkılmış

uzbuđeno / dosadno

şişman / zayıf

debelo / mršavo

ilk / son

na početku / na kraju

dost / düşman

prijatelj / neprijatelj

dolu / boş

puno / prazno

sert / yumuşak

tvrdo / mekano

ağır / hafif

teško / lagano

açlık / susuzluk

glad / žeđ

hasta / sağlıklı

bolesno / zdravo

yasa dışı / yasal

ilegalno / legalno

zeki / aptal

pametno / glupo

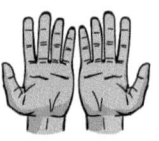

sol / sağ

lijevo / desno

yakın / uzak

blizu / daleko

zıt anlamlılar - suprotnosti

| yeni / kullanılmış | hiçbir şey / bir şey | yaşlı / genç |
|---|---|---|
| novo / rabljeno | ništa / nešto | staro / mlado |

| açma / kapama | açık / kapalı | sessiz / gürültülü |
|---|---|---|
| uključeno / isključeno | otvoreno / zatvoreno | tiho / glasno |

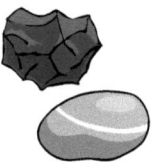

| zengin / fakir | doğru / yanlış | pürüzlü / düz |
|---|---|---|
| bogato / siromašno | točno / pogrešno | hrapavo / glatko |

| üzgün / mutlu | kısa / uzun | yavaş / hızlı |
|---|---|---|
| tužno / sretno | kratko / dugo | polako / brzo |

| ıslak / kuru | sıcak / serin | savaş / barış |
|---|---|---|
| mokro / suho | toplo / hladno | rat / mir |

| **0** | **1** | **2** |
|:---:|:---:|:---:|
| sıfır | bir | iki |
| nula | jedan | dva |

| **3** | **4** | **5** |
|:---:|:---:|:---:|
| üç | dört | beş |
| tri | četiri | pet |

| **6** | **7** | **8** |
|:---:|:---:|:---:|
| altı | yedi | sekiz |
| šest | sedam | osam |

| **9** | **10** | **11** |
|:---:|:---:|:---:|
| dokuz | on | on bir |
| devet | deset | jedanaest |

## 12
on iki
dvanaest

## 13
on üç
trinaest

## 14
on dört
četrnaest

## 15
on beş
petnaest

## 16
on altı
šestnaest

## 17
on yedi
sedamnaest

## 18
on sekiz
osamnaest

## 19
on dokuz
devetnaest

## 20
yirmi
dvadeset

## 100
yüz
stotinu

## 1.000
bin
tisuću

## 1.000.000
milyon
milijun

# diller
## jezici

İngilizce
engleski

Amerikan İngilizcesi
američko engleski

Çince (Mandarin)
kinesko mandarinski

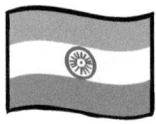

Hintçe
hindi

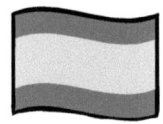

İspanyolca
španjolski

Fransızca
francuski

Arapça
arapski

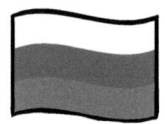

Rusça
ruski

Portekizce
portugalski

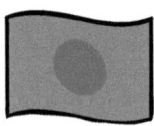

Bengalce
bengalski

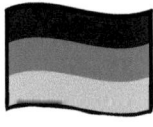

Almanca
njemački

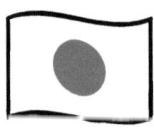

Japonca
japanski

ben
ja

sen
ti

o
on / ona / ono

biz
mi

siz
vi

onlar
oni

kim?
tko?

ne?
što?

nasıl?
kako?

nerede?
gdje?

ne zaman?
kada?

isim
ime

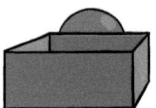

arkasında

iza

içinde

u

önünde

ispred

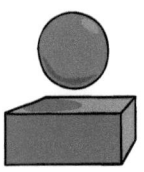

üzerinde

preko

üstünde

na

altında

ispod

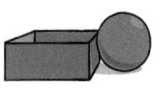

yanında

pored

arasında

između

yer

mjesto